AF195068

Alexander Steffensmeier wurde 1977 in Ostwestfalen geboren.
Er studierte an der Fachhochschule Münster Design mit dem Schwerpunkt
Illustration und lebt heute als freier Autor in der Fahrradstadt. Seine
Bilderbücher über die Kuh Lieselotte sind längst zu Bestsellern geworden.

Für Tom –
Allzeit gute Träume

7. Auflage 2025
Erschienen bei Fischer Sauerländer

© 2013, Fischer Sauerländer GmbH,
Hedderichstr. 114,
60596 Frankfurt am Main
Erstmals erschienen 2010 bei Sauerländer
Die Nutzung unserer Werke für Text- und
Data-Mining im Sinne von § 44b UrhG
behalten wir uns explizit vor.
Umschlaggestaltung und Satz:
Norbert Blommel, MT-Vreden
Druck: Grafisches Centrum Cuno GmbH & Co. KG,
Calbe
Printed in Germany
ISBN 978-3-7373-6008-1

Kontaktadresse nach
EU-Produktsicherheitsverordnung:
produktsicherheit@fischer-
sauerlaender.de

Weitere Informationen zum Programm
von Fischer Sauerländer auf
www.fischer-sauerlaender.de

Lieselotte
bleibt wach

Alexander Steffensmeier

FISCHER SAUERLÄNDER

Jeden Abend las die Bäuerin
den Tieren im Kuhstall eine
Gutenachtgeschichte vor.

Manchmal erzählte sie
von wilden, gefährlichen Tigern …

... manchmal von starken,
rauflustigen Piraten ...

... und manchmal von drei Schweinen,
die Häuser bauen.

Danach gingen alle Tiere in
ihre eigenen Ställe zurück,
um sich Schlafen zu legen.

Doch als auch
Lieselotte es sich
im Stroh bequem
gemacht hatte ...

... merkte sie
plötzlich, dass sie
eigentlich über-
haupt nicht müde
war.

Und je mehr sich Lieselotte
bemühte einzuschlafen, um so
munterer wurde sie.

Alle anderen schliefen bestimmt
schon tief und fest. Nur sie ganz
allein war noch wach.

Lieselotte wälzte sich hin und her.

Dann probierte sie ein paar Dinge,
die ihr manchmal beim Einschlafen halfen:

Sich müde hopsen ...

... dicke Wollsocken
anziehen ...

... einen Kräutertee trinken ...

... ein warmes Bad nehmen ...

... oder sollte
sie Schäfchen
zählen gehen?

Doch auf dem Hof gab es keine Schafe. Nur eine Ziege.
Einen Versuch war es Lieselotte wert. Sie steckte den Kopf
in den Ziegenstall. »Eins«, dachte Lieselotte. »Zwei, wenn
man das Pony mitzählt.« Aber müde wurde sie davon
nicht. Sie seufzte laut auf und ging weiter.

Was war das für ein Geräusch
gewesen? Die Ziege öffnete
verwundert ein Auge. Doch
nicht etwa der wilde Tiger,
von dem die Bäuerin erzählt
hatte! Im Stall war es plötzlich
sehr unheimlich. Vorsichtig
machten die Ziege und das
Pony die Stalltür zu.

Die Schweine grunzten zufrieden im Schlaf. »Auch
zwei«, zählte Lieselotte und hatte plötzlich eine
Idee. Schnell stampfte sie weiter.
Verwundert öffneten die Schweine ein
Auge. Warum war Lieselotte so spät
noch unterwegs? Konnte sie etwa
nicht schlafen?

»Nicht schlafen können ... Das kann
uns nicht passieren ...«, dachten die
Schweine und kicherten.

Aber was, wenn doch?
Plötzlich waren sie hellwach.

»Die anderen Tiere sind alle zu zweit. Da ist es
ja kein Wunder, dass ich nicht einschlafen kann«,
dachte Lieselotte. »So ganz alleine.«

»Ausnahmsweise«, sagte die Bäuerin, als
Lieselotte zu ihr ins Schlafzimmer kam.
»Du kannst heute Nacht bei mir schlafen.«

»Schon viel besser«, dachte Lieselotte. Wenn nur der Fußboden
nicht so hart wäre. Besonders für den Schwanz.

Auch für den Po wäre es
im Bett bequemer.

Aber als Lieselotte dann auch noch ihren Kopf auf das
Kissen legen wollte, krachte das Bett zusammen.

»Bloß raus mit dir!«,
schimpfte die Bäuerin und
schob Lieselotte aus ihrem
Schlafzimmer.

Lieselottes Blick fiel auf das
Telefon. Vielleicht konnte sie ja
bei ihrem Freund, dem Postboten
schlafen ...

Nach dem dreißigsten Klingeln hob der Postbote das
Telefon ab. »Mmm'lo...«, sagte er. »Hier ist der Rostlotse,
mhm..., Ostgote, nnnnh, Postbote!« Er klang so verwirrt
und verschlafen, dass Lieselotte plötzlich vergessen hatte,
was sie eigentlich fragen wollte.
Schnell legte sie den Hörer auf und ging aus dem Haus.

Aus dem Hühnerstall klang leises Schnarchen.
Neugierig steckte Lieselotte ihren Kopf hinein.
Das sah aber sehr gemütlich aus.

Wenn sie ganz
leise war, konnte sie
vielleicht hier
schlafen.

»Schon viel besser«, dachte
Lieselotte. Aber es war staubig
und die vielen Federn kitzelten.
Außerdem roch es stark
nach Hüh ...

Hhhhhhhhhüh ...

Ehe sie auch nur ein Huhn sehen konnte,
sprang Lieselotte zurück in den Kuhstall.

Lieselotte legte sich ins
Stroh und lauschte in
die Nacht hinaus.

Die Bäuerin stieg die knarrende Treppe
hinunter. In ihrem kaputten Bett konnte
sie nicht wieder einschlafen. Sie machte
sich lieber einen ersten Kaffee.
Da klingelte das Telefon.

Dem Postboten ließ der
nächtliche Anruf keine
Ruhe. Seine Mutter und seine
Schwester waren es nicht
gewesen. Jetzt wollte er
hören, ob auf dem Bauernhof
alles in Ordnung war.

Die Ziege und das Pony schoben
den schweren Schrank vor die
Stalltür. Da würde kein Tiger
dran vorbeikommen!

Die Schweine wälzten sich
unruhig grunzend hin und her.

Und die Hühner wunderten sich lautstark,
warum ihnen das Dach weggeflogen war.

Nur Lieselotte lag ruhig in
ihrem Stall und kuschelte
sich ins Stroh.

Es war schön zu hören, dass sie
nicht alleine auf dem Hof war.
Dann schlief sie
zufrieden ein.

AM NÄCHSTEN ABEND